UN JOUR, UNE SALUTATION

366 Poèmes au goût du jour

Pour dire bonjour

Tous les jours

Vol. 2 : Du 1er Mai au 31 Août

Jean JEUDI DISANOA

ISBN : 978-2-493807-25-0

BIBLIOGRAPHIE

Jean JEUDI DISANOA

Qui est ce bel inconnu ?

Jean JEUDI DISANOA, alias **Ex père de jeux de mots**, est un jeune **auteur indépendant** plein de talents qui débute, mais aussi un **poète** original, un récent **blogueur** et un grand **blagueur**. Il est intéressé par les **jeux de mots**, l'**humour** et la **poésie** et, donc, il fait de la poésie humoristique drôle.

L'Ex père de jeux de mots aime faire taper des barres à ceux qui ont toujours l'impression de toucher du bois. Sa philosophie se résume en un sourire, qui lui sert d'emblème pour remplir de joie le cœur de chacun et filer de bonnes ondes à ceux qui se sont trompés de fréquence pour être branchés aux vrais bonheurs de la vie.

Quel livre a-t-il déjà publié ?

Jean JEUDI DISANOA a publié un tout premier livre qui allie deux de ses passions : l'humour taquin et la poésie douce.

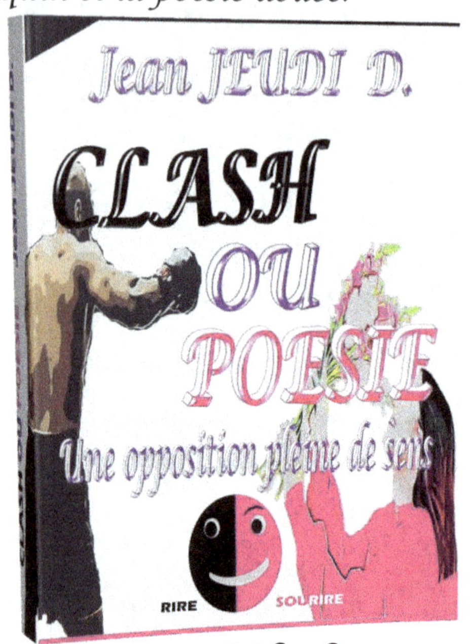

Le livre s'intitule : "**Clash** ou *Poésie*. **Une opposition pleine de sens**". Et comme l'indique le titre, c'est un choix qui s'offre au (à la) lecteur (lectrice) entre la crème de la crème des phrases sarcastiques, du style : clash et de petites douceurs de poèmes onctueux : le genre à faire fondre tes proches et tes amours.

Où et comment contacter Jean JEUDI DISANOA ?

C'est très facile ! Si tu aimes l'un de ses livres : trois options simples s'offrent à toi :

La première : poster un **avis** ou un **beau commentaire** sur la page de vente du livre que tu as lu et aimé.

La deuxième éventualité : visiter et s'abonner au site **Mort De Rime !** (MDR) : https://mortderime.wordpress.com ou à sa chaîne You tube : *Ex père de jeux de mots.*

Et, la dernière enfin, envoyer un mail au jeanjeudid@gmail.com.

TRES BONNE LECTURE !!!

Allez, au boulot !

Aujourd'hui, salutation ergonomique,

Pour te faire plaisir de façon comique,

Afin que tu ne sois plus sous l'eau,

Rigoler doit devenir ton nouveau boulot.

Se réjouir, considère-le comme un travail

Que tu ne dois jamais faire vaille que vaille.

Crois-moi, ce n'est pas du tout pour du beurre

Que je fais de t'amuser un bon labeur.

122

Jean JEUDI D.

Journée mondiale des bébés,
pour les petits et les grands enfants !

Ne me prends pas pour un pantin

Quand je te fais ce bonjour enfantin.

Les joies, en toi, doivent jouer à saute-mouton,

Et gober la liesse avec appétit glouton.

123

Ton enthousiasme doit être aussi naturel

Que les gamins qui jouent à la marelle.

Je veux te bichonner, comme un bambin

Pour te sortir, en même temps, du grand bain.

#Si tu vis avec une humeur bon enfant

Ton bonheur deviendra un simple jeu d'enfant.

Journée internationale pour la liberté de la presse ; je le veux à la une !

Je te salue sous forme de reportage.

Pour que ton entrain ne soit pas de bas étage.

Pour vivre une jovialité express

Pense à faire carrière dans la presse.

De ta bonne humeur, j'écrirai tout un article

Pour que, dans ton cœur, le plaisir se recycle.

Ton sourire de bonheur n'a rien de banal ;

C'est pourquoi je le veux à la une du journal.

124

Jean JEUDI D.

**Journée mondiale des pompiers :
Pas de quoi s'enflammer non plus !**

Comme ta bonne humeur me concerne,

Je voudrais te saluer d'une caserne.

Si, en toi, le chagrin cause des incendies

Tu dois l'étouffer avec une liesse agrandie.

Si le stress te brûle vite tel du papier,

Ta joie de vivre doit jouer les pompiers.

Fais tout pour que tu puisses sourire,

Si ton cœur s'embrase, je veux le secourir.

125

Journée mondiale des sages-femmes : ce n'est pas une occasion de faire l'enfant !

Pour que ton bonheur devienne réalité

Je veux te saluer d'une maternité.

Après que ma liesse ait été en gestation

L'entrain m'a fait accoucher l'exultation ;

Elle usera de ses mêmes connaissances

Si, au plaisir, ton cœur veut donner naissance.

Il n'y a que le bonheur que tu vas engendrer

Si tu laisses l'enthousiasme t'encadrer.

126

Jean JEUDI D.

NOURRITURE

MAI 6

C'est la Journée internationale sans régime, alors goinfre-toi aussi !

Comme pour grandir, il faut bien manger

Pour s'engouer, les joies, il faut les engranger.

Je fais de ma salutation une pitance

Dont tu peux te nourrir de façon intense.

De la gaieté, il faut que tu te sustentes

Pour que la mauvaise humeur ne te tente :

Car, hormis qu'il soit le plus beau des sentiments,

Le bonheur est aussi le meilleur aliment.

127

MAI 7

Les fruits de la joie ne tombent pas loin de l'arbre du bonheur !

Aujourd'hui, une joie juteuse me dévore,

Et me pousse à n'être que frugivore.

Ton cœur ne doit plus manger que des fruits

Pour que, des plaisirs, ton corps en soit construit.

Je t'invite à choisir le régime fruitier

Afin que ton enthousiasme demeure entier.

Mon bonheur est un arbre au goût irrésistible

Et ce bonjour en est le fruit comestible.

128

Jean JEUDI D.

 MAI 8

Pour les gourmands !

Comme tout ce qui réjouit n'est pas douloureux

Je te sers ce bonjour au goût savoureux.

Pour sourire, ton cœur doit tout manger

Même les mets qui t'étaient étrangers.

Tout ce qui est doux est nourrissant,

Mais, tout ce qui est triste est languissant.

Donc ingère tout ce qui te fait plaisir

Pour qu'un bonheur croissant puisse te saisir.

129

Journée mondiale de l'Europe, mais pas que !

Comme l'entrain fait partie de mon ADN

Je te fais ma salutation européenne.

Mon plaisir n'est pas métis comme un eurasien

Puisqu'il est plutôt du type caucasien.

130

Mon enthousiasme est blanc comme neige.

Si tu veux, avec lui, fais un petit manège.

Comme ce continent de l'hémisphère nord

Développe, en toi, un bonheur qui t'honore.

#Avec ton cœur, ma joie veut conclure une union

Où douze étoiles d'entrain sont en réunion.

Jean JEUDI D.

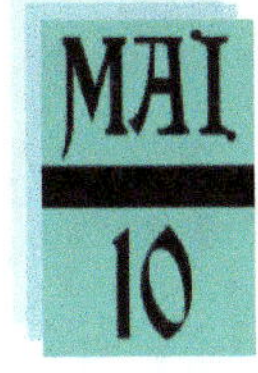

Oh, c'est Annie !

Avec ma joie qui ferait rire un crocodile

Je veux te saluer d'Australie, cette grande île.

Pour t'éloigner rapidement du courroux

Ma gaieté sautille comme un kangourou.

131

La douceur est ancrée dans mes gènes.

Elle y est depuis, comme les aborigènes.

Comme ce continent plein d'états insulaires

Mes joies émergent pour te plaire en un éclair.

Comme chien et chat !

Comme on a toujours été familier

Je te fais un petit coucou animalier.

Comme les oiseaux, en joie, je m'envole

Jusqu'à ce que nos humeurs convolent.

132

Comme le boa, l'entrain étreindra ton corps.

Comme le guépard, il battra tous les records.

Je te salue et je veux que tu ailles bien

Comme les insectes et les amphibiens.

Jean JEUDI D.

Un peu de singeries dans la vie ne tue pas !

Comme j'aime que tes plaisirs soient en masse

Je veux te saluer en faisant des grimaces.

L'enthousiasme te gardera comme un gorille

Pour que le sourire sur ta figure brille.

Faire du bonheur un arbre, je m'attelle

Pour que tu y grimpes en joie comme un atèle.

Il est temps que tu arrêtes tes rêveries.

Pour t'amuser : fais un peu de singeries !

133

#Le bonheur t'a dans l'objectif, dis : « Ouistiti » !

Avec la joie, tu sauteras comme un titi.

Cette salutation te fera vachement plaisir !

Comme, en moi, la gaieté est apparue

Je mettrai les bœufs avant la charrue.

En prenant le taureau par les cornes,

Je te fais ma salutation pour qu'elle t'orne.

J'ai envie de vachement te faire rire.

Ton histoire, avec la joie, il faut l'écrire.

Les ennuis face à toi ne seront pas de taille

Si tu vis ta vie en plein air comme du bétail.

134

Jean JEUDI D.

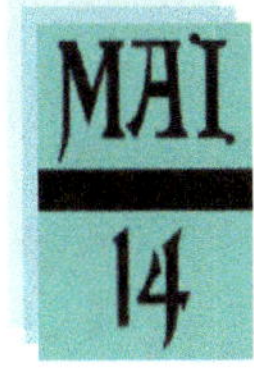

La ferme !

Comme ma gaieté est forte tel du bétail

Je ne vais pas t'amuser en détail.

Je veux te saluer même dans une ferme

Avec l'allégresse que mon cœur renferme.

Si tu es triste, à la joie, fais un recours.

Elle t'égaiera vraiment comme en basse-cour.

Mon cœur est plein comme une étable.

Souris et, avec plaisir, mets-toi à table.

135

Pour ceux qui sont à cheval sur tout !

Comme en moi le plaisir est physiologique

Je te fais une salutation hippologique.

Comme la course d'un beau cheval

Ma joie vient vite te rejoindre en aval.

Comme un mustang, mon entrain vient en trot

Et ta réciprocité ne sera de trop.

Je veux que la bonne humeur te séquestre

Comme le vrai bonheur est équestre.

136

Jean JEUDI D.

Pour les vieux jeu !

Aujourd'hui : petite salutation antique.

Mais, ma joie n'est ni has-been ni statique.

J'aimerais que tu puisses t'amuser

Comme on le fait bien dans les musées.   **137**

Ma liesse est, certes, très ancienne.

Mais elle va t'ébattre si tu la fais tienne.

Le bonheur n'est pas dans les comptes bancaires.

Il est plutôt dans les plaisirs antiquaires.

Oyez, oyez ! Soyons un peu moyenâgeux un chouïa, mazette !

Fichtre ! Je fais le vœu que tu sois à cheval

Lorsque je t'adresse ce bonjour médiéval.

J'ambitionne t'ébaudir même mille fois

Comme on le faisait diantrement autrefois.

S'il t'échoit de rire en reflétant le confort.

Je te bâtirais une joie en château fort.

Comme au Moyen âge, temps des conquêtes

J'entends faire de t'enjouer mon unique quête.

138

#Je t'offre ma liesse et ma douceur médiévales

Pour que tu ailles au bonheur à cheval.

Jean JEUDI D.

Un peu de modernité !?

Je te fais une belle adresse moderne

Pour révolutionner ta gaieté restée terne.

Avec le fun, tu dois faire connaissance.

Je veux te saluer comme à la Renaissance.

139

Ton cœur, triste, a besoin des nouveautés :

La liesse en est une qui t'égaiera en beauté.

Modernise ta vie, fais-en un festival

Et, oublie donc les soucis, c'est si médiéval !

MAI 19

CONTEMPORANÉITÉ

Tous comptant pour un !

Comme ma salutation est du temps présent,

Je fais de mon allégresse un bon présent.

Je te dis : « Salut ! » comme on le dit aujourd'hui

Pour qu'un fun à jour, en toi, soit introduit.

140

Comme on est à l'époque du numérique

Construis ta joie virtuelle brique par brique.

De nos jours, tu dois positiver non-stop

Pour garder ton bonheur toujours au top.

Jean JEUDI D.

Journée mondiale des abeilles : ç'a le goût du miel pur, n'est-ce pas !

Aujourd'hui, sucré message apicole,

Ma joie goûteuse, il faut que tu la picoles.

Si tu es triste, lève tes mains au ciel

Et reçois mon bonjour au goût de miel.

Avec les soucis, coupe donc le cordon

Et tu n'auras plus jamais le bourdon.

Je veux t'émoustiller, il faut t'impliquer.

Par l'abeille du plaisir, laisse-toi piquer.

141

C'est la Journée mondiale de la diversité culturelle pour s'accepter mutuellement

Comme j'aime beaucoup la diversité

Je te fais ma salutation sans hésiter.

En toi, je voudrais que vive la tolérance.

Réjouis-toi malgré la différence.

Même si à personne tu ne ressembles.

En souriant, tu vivras le vrai vivre ensemble.

Avec les Autres, ta joie sera plus énorme

Et ton bonheur en deviendra protéiforme.

142

#La salutation est dans toutes les cultures :

C'est pourquoi je t'en fais une de haute facture.

Jean JEUDI D.

SOLIDARITÉ

**Il suffit d'un peu d'air
Pour être solidaire !**

Pour te prouver ma solidarité

Je remplirai ton cœur d'alacrité.

Pour se réjouir, il faut de l'entraide.

143

Je te salue vite fait comme dans un raid.

Avec mon entrain, je veux t'offrir mon soutien

Et j'espère que tu en feras vraiment tien ;

Il faut le partager pour qu'il reste actuel.

Car le bonheur se vit mieux de façon mutuelle.

A la joie, qui s'y frotte, s'y pique-nique !

J'adorerais te saluer en plein air,

Pour te plaire et te rendre débonnaire.

Dans ton cœur, j'organiserai un pique-nique

Pour y cuisiner une liesse au goût unique.

144

J'aimerais juste tout mettre à plat,

Car la gaieté se mange comme un bon plat.

Tu n'auras pas à cotiser pour manger.

Sois de bonne humeur et on va s'arranger.

#J'ai, dans mon panier, des joies pouvant s'avaler.

En en consommant, tu vas bien te régaler.

Jean JEUDI D.

Journée mondiale du bricolage, j'ai justement bricolé cette salutation pour l'occasion !

Pour que tu ne tombes pas dans le malheur

Il faut avoir un esprit un peu bricoleur.

Si ton bonheur se cache et qu'il faut fouiller,

Ton enthousiasme doit pouvoir se débrouiller.

Par ce bonjour, je veux tout arranger.

Pour que le plaisir et ton cœur soient mélangés.

Pour moi, s'émerveiller n'est qu'une bricole :

Tu y parviendras si tu vas à bonne école.

145

#Pour ta joie, tu dois aussi t'impliquer.

Ton bien-être, tu peux te le fabriquer.

**Cette salutation à l'africaine, en or 24 carats,
Vient d'Afrique du nord et du sud du Sahara !**

Tu n'as pas besoin de beaucoup de fric

Pour que je te salue comme en Afrique.

La joie te soulagera plus que la quinine

146

Si ton plaisir se mêle à la mélanine.

Pour avoir un bonheur grand comme un manoir

Tu dois arrêter de broyer du noir.

Pour que le seum ne puisse plus te contrarier

Bats-toi comme les zoulous, ces guerriers.

Comme tu peux le voir, ma joie est écrite noir sur blanc !

Ne crois pas qu'il y ait une main noire

Derrière ma salutation de grand soir.

Les soucis font partie des ténèbres.

C'est la bonne humeur qu'il faut que tu célèbres.

147

Le rire fera disparaître tes ennuis :

Eclairera même la noirceur de tes nuits.

Avec la joie, ta vie ne sera plus sombre ;

En se marrant, tu n'auras plus de zone d'ombre.

Pour signer des chèques en blanc !

Comme je hais tout ce qui est acariâtre

Je vais te couvrir d'une gaieté blanchâtre.

Pour que, des soucis, ton cœur soit affranchi

Je te fais cette salutation blanchie.

Je marquerai d'une pierre blanche

Le plaisir, en moi, de te voir qui se déclenche.

Comme blanc bonnet est égal à bonnet blanc,

Ainsi, je tire ma joie en te ciblant.

148

Jean JEUDI D.

Pour rester propre sur soi !

Aujourd'hui, ma salutation est soignée.

Reçois la joie que j'entends te témoigner.

Je veux laver ton cœur des soucis fièrement

Comme j'aime que tu t'égaies proprement. **149**

En riant, tu ne connaîtras plus la panique.

Je t'offre ainsi mon plaisir hygiénique.

Si tu penses aux choses agréables,

Ton existence n'en sera qu'impeccable.

MAI 29

AGRICULTURE

Souris, sur-le-champ !

Aujourd'hui, ma salutation est agricole.

Pour que le bonheur dans ton âme caracole.

Je veux semer la douceur dans ton esprit,

Toi, cultive-la dans ta vie, je t'en prie.

J'aimerais planter l'allégresse dans ton corps,

Faire fleurir ta joie en guise de décor.

Le sourire est un engrais naturel et fiable

Pour rendre ton cœur arable.

150

Jean JEUDI D.

Pour jouir à jamais de la joie joue le jeu !

Comme ma liesse est bien véridique

Je te salue d'une manière très ludique.

J'aimerais te jouer un tour doucement

Puisque rire est le meilleur divertissement.   151

Avec mes mots joviaux, tu peux t'amuser.

Le bonheur, si tu veux, tu peux en abuser.

Mise tout, il faut que ton cœur soit enjoué

Pour que, joyeusement, tu puisses jouer.

Journée mondiale sans tabac, de quoi craquer une allumette !

Aujourd'hui, je t'enflammerai de tous côtés.

Mon bonjour fumeux, tu peux la vapoter.

Comme j'aime que tes peines partent en fumée

Ton humeur, j'ai envie de la désenrhumer.

Le plaisir, j'adore le voir dans ton regard.

Si tu veux rire, fume ma joie en cigare.

Pour t'enjailler, je volerai comme un ibis.

Car ma douceur égaie plus que le cannabis.

152

Jean JEUDI D.

Journée mondiale des parents, les enfants ; et ça n'arrive qu'une fois par an !

Alors qu'en moi les bonnes ondes fourmillent,

Je te salue comme un bon père de famille.

Ma jovialité est très parentale.

Donc, il va te combler d'une joie totale.

Pour t'amuser, mon sourire sera l'appas.

Je veux que l'entrain, tu l'appelles Papa.

Pour vivre une gaieté comme à la maternelle

Fais du bonheur ton seul paternel.

Et, pour éliminer tes pensées amères,

Fais-toi enfant et la joie sera ta mère.

153

Roule vers le bonheur, personne ne te mettra les bâtons dans les roues !

Aujourd'hui, tu as plus que gagné au loto,

Car mon fun vient vite à toi sur une moto.

Je viens illuminer ta journée en vitesse.

154

Il faut éloigner de ton cœur toute tristesse.

La mauvaise humeur rend la vie flasque.

Contre elle, l'entrain te servira de casque.

Je te salue du fond de mon cœur

Comme le feraient un vrai biker.

#Avec ma gaieté, tu iras jusqu'au Pérou

Et rien ne te mettra les bâtons dans les roues.

Jean JEUDI D.

Journée mondiale du vélo,
Histoire de ne pas perdre les pédales !

Comme la gaieté de ton cœur est sur ma liste

J'aimerais te saluer comme les cyclistes.

Je veux faire de ton esprit un vélodrome

Où roule la joie comme dans le tour de Rome.

Pour te récréer, tu dois un peu pédaler

Pour qu'au pays des merveilles, tu puisses aller.

Le vrai plaisir s'acquiert en faisant du vélo,

Donc ne mène pas ta vie en mélimélo.

155

TOURISME

Et c'est partie pour un tour !?

Aujourd'hui, belle adresse touristique,

Je te salue avec une douceur sympathique.

La liesse est un site rempli de feuillages.

Si ça te dit, je t'offrirais le voyage.

Le bonheur est plein de joie et d'alacrité,

Si tu veux le voir, je te ferais visiter.

Je souhaite que le plaisir te tourne autour

Pour que tu en fasses mille fois le tour.

156

Jean JEUDI D.

Journée mondiale de l'environnement ; alors protégeons chacun le nôtre !

Comme je n'aime pas me réjouir en solo

Je te fais cette salutation écolo.

Si tu veux que l'entrain soit en foisonnement

Le fun doit remplir ton Environnement.

J'aimerais te lancer la gaieté en pâture.

La joie doit devenir ta seconde Nature.

Ta fougue, il faut la sauvegarder.

Vers ton bonheur, tu dois toujours regarder.

157

Pour éviter de rire jaune !

Comme mon allégresse n'est pas statique,

Je veux te saluer comme les asiatiques.

J'aimerais que, la gaieté, tu la fasses tienne

Pour que tes plaisirs viennent en file indienne.

Chez toi, la jovialité doit devenir ample.

Pour que ton cœur enjoué soit érigé en temple.

Ton envie de rire ne doit être inédite.

Car le bonheur n'est pas une cité interdite.

158

#Comme la démographie de l'Asie récente

J'ai de milliards de bonnes ondes réjouissantes.

Jean JEUDI D.

Pour ceux qui sèchent !

Aujourd'hui, j'aimerais t'émerveiller à sec.

Avec un petit bonjour aux raisins secs.

Je pourrais utiliser des antisèches

Pour t'émoustiller même en saison sèche.   **159**

Je veux te faire rire, ne sois pas timide :

Ris et tes yeux ne seront plus jamais humides.

Bien qu'en saison sèche les pluies sont moins courantes

Laisse la joie t'inonder de façon marrante.

La Journée mondiale des océans, ce n'est pas la mer à boire !

Aujourd'hui, ma gaieté se fait un océan

Qui va te traverser jusqu'à ton séant.

Si ton bonheur est encore immergé,

De la douceur, je veux te submerger.

Pour l'océan, le sel est indissociable ;

Pour le plaisir, seul suffit un rire agréable.

Avec cette salutation que je t'adresse

Apprécie donc l'étendue de ma tendresse.

160

Jean JEUDI D.

Pour que ta vie soit un long fleuve tranquille !

Comme le fleuve Congo l'a fait aux Inga

Je veux t'alimenter, en plaisir ; bazinga !

Comme sans le Nil, l'Egypte serait aride,

Si tu ne ris, ton bonheur aura plein de rides.   **161**

Je baignerai ton cœur dans l'Amazone,

Car ma joie sur le Murray-Darling ne dézone.

Pour ne pas que ta satisfaction rate,

Accepte même de voguer sur l'Euphrate.

J'adorerais que ton humeur soit saine,

Que mon bonjour te traverse comme la Seine.

#J'aimerais que, sur toi, les plaisirs pleuvent

Avec la flopée de mes sourires fleuves.

Pour avoir la pêche !

Aujourd'hui, je te salue pour t'hameçonner ;

Ça coule de source, il ne faut trop raisonner.

Fais comme un poisson dans l'eau : les ennuis, fuis-les.

Laisse ma joie te prendre dans ses filets.

162

Mon entrain te jette la gaieté comme appas ;

Jette-toi dans ses bras comme avec ton papa.

Tu dois toujours rire même en faisant la pêche

Pour éviter que la colère t'en empêche.

#Pour t'éloigner de toute escarmouche

Tu dois pêcher ton bonheur à la mouche.

Jean JEUDI D.

BATEAU

Crois-moi, je ne te mène pas en bateau !

Comme ma joie est en pleine navigation

Je t'adresse, à flot, cette salutation.

Avec l'enthousiasme, tu dois dialoguer

Afin que dans le fun tu puisses voguer.

163

Je souhaite tellement que ton cœur riote

Que je t'égaierai avec un tour sur un yacht.

Si tu veux voyager vers la satisfaction.

Fais de la bonne humeur ton embarcation.

Pour que ta joie atteigne sa vitesse de croisière !

Comme t'émerveiller est plus que beau

J'aimerais te saluer depuis un paquebot.

Mes sourires abondent comme une rizière.

J'adorerais offrir à ton cœur une croisière.

Réjouis-toi, je ne veux pas que tu te débines.

Laisse-toi aller pour chiller dans ta cabine.

Je souhaite t'enjouer en voguant sur la mer ;

Alors jette à l'eau donc tes pensées amères.

164

Jean JEUDI D.

SOUS-MARIN

Pour ne pas boire la tasse !

Pour ramener ta bonne humeur en surface

Il faut que ta maussaderie s'efface.

La joie ne vogue plus sur les flots marins.

Elle y est immergée, comme un sous-marin.   **165**

Mais au lieu de te lancer des missiles,

Elle te larguera des plaisirs faciles.

Je te salue des profondeurs marines

Pour que tu en danses comme une ballerine.

Pour prendre une bouffée d'air frais !

Pour te montrer que je suis solidaire

Reçois ce bonjour qui ne manque pas d'air.

Je sens que le vent va bientôt tourner ;

166

Qu'il va souffler la joie toute la journée.

Comme j'en donne très bien l'air

Te voir rire sera mon unique salaire.

Comme le bonheur est en milieu aérien

Respire-le, il ne te coûtera rien.

Jean JEUDI D.

Journée mondiale contre la maltraitance des personnes âgées, et oui, les jeunes !

Je t'adresse cette salutation sénile

Pour te sortir de l'arrogance juvénile.

Je fais de t'amuser mon éternel loisir.

Même en étant sénior, je te ferai plaisir.

Je te réjouirai même dans la vieillesse

Et je mettrai tous tes ennuis en pièce.

Fais appel à la gaieté qui n'est pas menteuse

Pour faire de toi une personne très gâteuse.

167

#Le fruit de ta joie, je veux le cueillir

Pour qu'avec le bonheur, tu puisses bien vieillir.

J'ai eu vent de te réjouir aujourd'hui !

Aujourd'hui, je souhaite te vanter,

T'adresser cette salutation éventée.

Je te propose mon allégresse à rafler.

168

Si ton enthousiasme s'est essoufflé,

Les on-dit sont des vents contraires.

Envole-toi, fais-le bien et laisse braire ;

Car c'est sous la tendresse du doux vent,

Qu'il faut t'émerveiller souvent.

#Pour te dérider, mets la bonne humeur devant.

Ainsi, tu ne te prendras jamais de vent.

Jean JEUDI D.

Journée mondiale de la désertification ; je te propose cette oasis de joie !

Comme ma joie est pleine comme l'est le sable.

Je veux te saluer de façon inlassable.

Pour faire de l'allégresse ta fierté

La zone des ennuis, tu dois la déserter.

Si tu veux que tes peines sentent le roussi

Rends tout ton cœur aride de souci.

Laisse le soleil du plaisir brûler ta rage

Pour ne pas voir le bonheur comme un mirage.

169

Je te lave et dis !

En cette journée pleine de jubilations,

Ma bonne humeur est en éruption.

J'aimerais mettre ta tristesse en panique

Avec un enthousiasme volcanique.

Je veux te lancer ma lave d'exultation

Pour que ton cœur gelé entre en ébullition.

Reçois mon bonjour plein de sollicitude

Qui provient de plus hautes altitudes.

170

#Pas besoin d'être forcément vulcanologue

Pour qu'avec le bonheur, tu sois en dialogue.

NATURISME

Journée mondiale du naturisme : mets-toi aussi à nu, comme moi !

Aujourd'hui, je veux te faire plaisir nûment.

En faisant de ma salutation l'instrument.

Ma joie est au naturel pour t'émoustiller.

Ton entrain, tu n'as qu'à la déshabiller.

Tu dois dénuder ta gaieté qui se voile.

Pour te réjouir, mets ton enthousiasme à poil.

Il faut que tu dévoiles ta jovialité.

Pour voir ton bonheur dans toute sa nudité.

171

C'est la Journée mondiale des réfugiés et le bonheur te demande asile !

En ce jour où ma gaieté est sans frontières,

Je veux que ta satisfaction en soit entière.

Pas besoin d'être forcément apatride

Pour que ma salutation te déride.

A la liesse, va vite te réfugier

Pour vivre un plaisir privilégié.

Si jamais tu n'as pas de chez-soi,

J'aimerais que le pays des merveilles le soit.

172

#Comme le bonheur est cosmopolite

Tu peux le connaître même quand tu t'alites.

Jean JEUDI D.

**C'est la fête de la musique,
Je le dis en chantant !**

Comme ma joie est rythmée et symphonique

Je te fais cette salutation harmonique.

Avec moi, viens t'amuser en chanson

Et, un nouveau style de musique, lançons !

173

Je veux te chanter une gaieté véridique

Pour que tu entonnes un entrain mélodique.

A ton chagrin, je passerai les menottes,

Car j'aimerais te divertir sans fausse note.

C'est l'été !

J'aime te faire part de ma joie quotidienne

Quand les belles journées chaudes reviennent.

Je t'adresse ma salutation estivale

Et j'adorerais le faire en plein festival.

J'ai envie de te faire chaud au cœur

Et t'égayer à haute voix comme un speaker.

Si tu gèles. le plaisir t'ensoleillera.

Si tu pâlis. la bonne humeur te bronzera.

174

Jean JEUDI D.

JEUX OLYMPIQUES

Pour ceux qui ont un calme olympien !

Ma fougue n'a rien de microscopique

Quand je te fais ce bonjour olympique.

La flamme de la joie ne va te consumer

Si tu la gardes vive et allumée.

Le fun, l'entrain et le plaisir, cette triade

Vivra, en toi, plus longuement qu'une olympiade.

Je te salue pour changer tes soucis en jeux

Puisque t'émerveiller est mon unique enjeu.

175

Pour ceux qui sont assez souples !

Comme pour s'ébattre il faut sauter :

Sourire t'aidera à le faire en beauté.

L'allégresse est le lit qui te rattrapera ;

Saute dos tourné et elle t'accueillera.

La tristesse et l'ennui sont des menteurs.

Le vrai bonheur se trouve en hauteur.

Te saluer en sautant de joie ne me fait peur ;

Je te fais coucou comme un high jumper.

176

#Je place la barre très haut pour t'égayer.

Avec joie, tu la sauteras sans t'effrayer.

Jean JEUDI D.

Pour être sur la même longueur d'onde !

Aujourd'hui, j'aimerais te ravir longuement.

Et je ne veux pas le faire vainement.

Ma gaieté sautera avec toi en hélant

Pour donner à ton saut le meilleur élan.

Avec le sourire, tu ne seras pas piètre.

Avec la joie, tu sauteras trente-six mètres.

Je ne vais pas tirer ton plaisir en longueur

En te saluant avec beaucoup de vigueur.

177

#Pour que du bonheur tu ne sois plus en marge

J'aimerais t'égayer en long et en large.

JUIN 26 — JAVELOT

J'avais l'eau !

Aujourd'hui, le bien-être se lance.

Je mets ma gaieté dans la balance.

Je vise ton cœur avec mon bonjour bourgeois,

Car la pointe de mon javelot est en joie.

178

Je te lance en force mon plaisir très notoire :

Il va te piquer, reste sur la trajectoire.

Même si tout t'éloignait, tu ne dois t'en plaindre.

Ma bonne humeur en dard pourra toujours t'atteindre.

Jean JEUDI D.

Vas-y, lance-toi !

Comme la joie ne fait que me balancer.

Ma salutation, j'aimerais te la lancer.

Si, comme un marteau, tes soucis pèsent,

L'entrain les jetterait loin grâce à ses trapèzes. 179

Tu dois larguer la colère en disque d'acier

Si elle t'empêche de rire et d'apprécier.

Réjouis-toi, tu performeras même la nuit.

En souriant, tu peux alléger ton lourd ennui.

#Je veux te faire plaisir avec mes lancers

Toi, tu n'as qu'à rester sur ta lancée.

Pour qu'on arrête de te faire marcher !

Comme ma salutation est très athlétique

Pour te réjouir, fais un peu de gymnastique.

Pour ta gaieté, je ferai des tours de piste.

Dans ta vie, il faut positiver, j'insiste.

Le bonheur est une course de spectacle

Et les soucis en sont de gros obstacles.

Si tu fais tout pour qu'en toi la joie niche,

Je te passerais le relai au finish.

180

#Il faut garder les ennuis sur la sellette ;

Avec la joie, tu auras un corps d'athlète.

Jean JEUDI D.

Pour la patrie !

Aujourd'hui, une salutation nationale.

Respire donc cette liesse phénoménale.

La joie doit faire partie de ton patrimoine.

Car elle empêche de brûler tel l'antimoine.　　181

Je veux que tes sentiments s'éveillent

Pour que tu ailles vite au pays des merveilles.

De tes sentiments, fais-en bien le tri

Afin que ton bonheur profite à la patrie.

Patrie, autisme !

Comme dans ce monde plein de dynamisme

Tu dois faire un peu preuve de chauvinisme.

Pour que ton cœur, dans le pays des merveilles, riote.

Il faut faire de la joie ta compatriote.

182

Comme de la gaieté, le sourire est l'emblème

Tu dois toujours te réjouir et fuir les problèmes.

Pour moi, le bonheur est une nation

Et son hymne se chante en salutation.

#Avec le rire, fais un salut au drapeau

Et tu auras le bonheur dans la peau.

Jean JEUDI D.

Pour aller vers vert !

Comme tous les voyants sont au vert.

Pour voir la joie, pas besoin de verres.

Se fâcher, c'est s'auto-infliger le calvaire ;

Entoure-toi plutôt des plaisirs divers.   183

Pour bannir ta peine, sois sévère ;

Fais subir à tes soucis de sacrés revers.

Pour te plaire, je ne m'exprimerai qu'en vers,

Car j'aime te saluer même à découvert.

#Comme le bonheur s'écrit en couleur verte
Je veux que la voie de la joie te soit ouverte.

Journée mondiale des OVNI, ouuhh, on n'est peut-être pas seuls finalement !

Aujourd'hui, ton plaisir sera très net

Puisque mon affection vient d'une autre planète.

Comme pour rendre ton humeur meilleure

Reçois ma salutation venue d'ailleurs.

Le vaisseau de ma gaieté va atterrir

Dans ton cœur pour que tu éclates de rire.

Si tu veux que le bonheur te séquestre,

Profite de cette joie extraterrestre.

184

Jean JEUDI D.

Journée mondiale sans plastiques et paf dans la poubelle recyclable !

Comme mon allégresse est toujours recyclable

Je te salue avec une humeur agréable.

Comme se réjouir est rien de plus logique,

Sauvegarder sa joie devient écologique.

Pour que ton plaisir soit réorganisé.

Ses déchets, tu dois les revaloriser.

Du bonheur, garder le sourire est la clé.

Car le bien-être n'est mieux que recyclé.

185

Tu sais, les cordonniers ne sont pas forcément les plus mal chaussés !

Aujourd'hui, mon bonjour se fait savetier,

Il veut raccommoder ta gaieté en entier.

A la bonne humeur, il faut t'accrocher,

Avec le plaisir, tu dois te rabibocher.

Le bonheur habite dans le rire, c'est sûr,

Pour y arriver, pas besoin des chaussures.

Même quand ton bel entrain est abîmé,

Ma joie de la retaper ne va se supprimer.

186

Jean JEUDI D.

Le bonheur aussi répare !

Comme mon enjouement s'est fait réparateur,

Je veux diagnostiquer ton ennui inquisiteur.

J'ai détecté, dans ton cœur, une panne

Que seul un grand sourire dépanne.

Je vais restaurer ta joie si elle est usée,

Et j'ai apprêté mes outils pour t'amuser.

Je commence par un jovial bonjour

Et je pourrai le faire tous les jours.

187

C'est la Journée du baiser !
Crois-moi, je l'avais sur le bord des lèvres !

Comme j'adore que ta joie fasse écho

J'aimerais te faire plaisir par un bécot.

Pour ne pas te faire devenir chèvre

Je n'ai que : « Bonjour ! » au bout des lèvres.

188

Je ne te le dirai jamais assez :

La vie heureuse, tu dois l'embrasser.

Comme c'est la journée mondiale du baiser

Je t'adresse ces mots pulpeux pour t'apaiser.

#Réjouis-toi, mais modère ton entrain

Parce que qui trop embrasse mal étreint.

Jean JEUDI D.

MATHEMATIQUE

Pour prouver ton bonheur par a + b !

Aujourd'hui, la salutation est matheuse.

Je veux te couvrir de paroles flatteuses.

Comme l'addition, ma gaieté se distribue.

A ton bien-être, il faut que tu contribues.

De tes peines, je ferai la soustraction

Pour faire de ton fun la multiplication.

Je ne diviserai ta joie de te marrer,

Car je veux que ta liesse s'élève au carré.

189

Tout n'est qu'une question de forme !

La longueur de ma joie est kilométrique

Quand je te fais ce bonjour géométrique.

Je me plierai en quatre comme un rectangle

Pour te faire plaisir et arrondir les angles.

190

Je ferai tout pour te faire marrer

De façon juste et parfaite comme un carré.

Le bonheur, je veux qu'en toi il puisse s'enfouir.

Sans tourner en rond, je vais te réjouir.

#Comme en géométrie on traite des figures

Je veux un sourire tout rond sur ta figure.

Jean JEUDI D.

Saluer avec joie, ce n'est quand même pas de l'algèbre !

Comme je veux bâtir ta joie brique par brique

Je te dédie ce bonjour algébrique.

Tel x^3, ta liesse aussi sera au cube.

Laisse-la entrer en toi pour qu'elle incube.

Les soucis esseulent comme un monôme.

Avec toi, ma gaieté veut former un binôme.

Si tu veux atteindre la satisfaction,

Ne fais pas de ta vie une équation.

191

Je te présente le premier traité de *Chimie de la salutation* !

Aujourd'hui, je me sens dans mon élément

Pour atomiser tes ennuis carrément.

Je veux qu'avec la joie tu aies une alchimie

Pour qu'elle réagisse avec ta biochimie.

Mon entrain chimique n'a rien de ridicule,

Car, du bonheur, j'en ai fait une molécule ;

Et après l'étude de sa composition

J'en ai fait l'objet de cette salutation.

192

#Pour ta joie, je m'entêterai comme une mule,

Car j'ai déjà trouvé la bonne formule.

Jean JEUDI D.

GÉOGRAPHIE

Pour faire un topo !

Alors que ma liesse s'est actualisée :

Je te fais ce bonjour géo-localisé.

J'aimerais que tes peines s'effacent

Pour que ton allégresse refasse surface.

Je veux que tu t'égaies de façon sonore

Pour que, jamais, tu ne perdes le nord.

La joie, je voudrais te la cartographier

Pour que ton bonheur en soit simplifié.

193

Journée mondiale des footballeurs pauvres : ils ont sûrement une qualité de jeu à deux balles !

Aujourd'hui, ma salutation joue au foot.

Je veux que de la tristesse, tu t'en foutes.

Ton seul but doit être ravir ton cœur

En dribblant tes soucis comme au soccer.

Réjouis-toi, arrête de jouer la montre.

La gaieté, j'aimerais qu'à tous tu la démontres.

Pour t'enjouer, il te faut mouiller le maillot

Jusqu'à ce que puisse prendre la mayo.

194

#Comme le bonheur est une star du ballon rond.

Pour l'avoir, cesse de faire des ronrons.

Jean JEUDI D.

PROFESSIONNALISME

Pour un entretien d'embauche !

Si je devrais choisir une profession,

Ça serait de te couvrir de jubilation.

Je veux bosser pour effacer ta colère

Et je le ferai sans réclamer de salaire.   195

Comme mon bonjour est bien professionnel

Ta joie sera encore plus sensationnelle.

Si jamais tu veux un bonheur entier,

Je ferais de t'éblouir mon métier.

Pour peindre sa vie en rose !

Dans la galerie de ma bonne humeur,

J'ai exposé ton ennui qui se meure.

Ton humeur a besoin d'un vernissage.

Reçois cette salutation au passage.

J'exhiberai ton entrain à coup de pinceau.

Je vais estampiller ta joie avec fin sceau.

J'aimerais peindre ton plaisir sur une toile

Pour qu'il brille en toi comme une étoile.

196

#Pour atteindre le bonheur, fais de la peinture.

Tu verras, ça sera une très belle aventure.

Jean JEUDI D.

Pour la Classe ouvrière !

En ce jour, mon bonjour se fait travailleur,

Je viens t'enjouer en un mot et en plusieurs.

Comme le font les ouvriers en bâtiment,

Je veux édifier ta liesse avec du ciment.   **197**

Pour te dérider, je n'attendrai pas demain,

Je vais te divertir du jour au lendemain.

J'aimerais construire ta joie en entier

Si ton bonheur est encore en chantier.

Pour les bâtisseurs !

Aujourd'hui, mon bonjour se fait maçon,

Car j'aime t'amuser de toutes les façons.

Si tu veux voir, de tes yeux, tes ennuis s'enfuir,

La maison de ton bonheur, tu dois la construire.

198

Il faut faire de la douceur sa fondation

Et que ses murs soient faits en bonnes intentions.

J'édifierai, en toi, une gaieté en ciment.

Pour ta joie, je bosserai dans le bâtiment.

#Je veux que tu vives dans la satisfaction.

Tu n'as plus qu'à autoriser la construction.

Jean JEUDI D.

Petite salutation homemade !

Comme mon bonjour se fait à domicile

Pour arriver sous ton toit, ça sera facile.

Si tu veux vivre une solide exultation,

Fais de la bonne humeur ta fondation.

199

Pour bâtir ton bonheur à ton bénéfice,

J'apporterai ma pierre à l'édifice.

Dans la joie, casse la baraque à fond :

Saute de joie jusqu'à crever le plafond.

Pour prendre de la hauteur !

Par ma salutation défiant la pesanteur,

J'aimerais t'emmener dans les hauteurs.

La joie est haute comme un gratte-ciel.

Au sommet, il y a le bien-être, l'essentiel.

Les tristesses sont là pour t'humilier.

La bonne humeur se trouve dans l'immobilier.

L'immeuble du bonheur a mille étages.

En riant, tu auras la liesse en marmitage.

200

Jean JEUDI D.

Une Journée internationale des châteaux pour cesser d'en construire en Espagne !

Comme ta gaieté est tout ce qui m'intéresse.

Je veux faire de ton cœur une forteresse.

Pour connaître la joie et le confort

Fais de l'allégresse ton château-fort.

Si, avant, ton plaisir, tu le recalais,

Maintenant, tu vas le goûter dans ton palais.

Je t'édifie mon bonjour en château de sable

Pour que le champagne, on le sable.

201

Pour ceux qui sont allés à bonne école !

Aujourd'hui, je prends l'initiative

De t'amuser de façon récréative.

Pour te couper l'envie d'être en colère

Je te dédie cette salutation scolaire.

202

Je ferai du partage de la joie un cours.

Pour que la bonne humeur ne te prenne de cours.

Et, à la fin, il n'y aura pas de contrôle :

Le seul devoir à faire sera d'être drôle.

Jean JEUDI D.

UNIVERSITE

Pour ceux qui vont encore à la fac !

Accueille ma salutation estudiantine

Plus précieuse que l'or et la platine.

Le Bonheur est l'université de choix

Où toute humeur réussit si la joie l'échoit.   203

Dans cette fac, il n'y a que des facultés

Pour t'offrir la vraie gaieté sans difficulté ;

Et le bien-être en est le seul doyen

Qui te fera plaisir par tous les moyens.

Pour apprendre vite à sourire !

J'ai trouvé beaucoup plus pratique

De te faire une salutation didactique.

Comme une vie heureuse s'apprend.

Etudie donc comment la joie qui ne méprend.

204

Pour t'aider à sourire de façon logique

Suis une procédure pédagogique.

De manière assez drôle et ludique

Choisis un bonheur simple et méthodique.

Jean JEUDI D.

Pour les grandes gueules !

Reçois cette adresse rhétorique.

Car mon entrain n'est pas qu'euphorique.

Je t'assure : ma joie n'est pas un leurre

Même si je te salue comme un beau parleur. **205**

Je veux te divertir sans te faire la cour.

Te parler comme si c'était un discours.

A ton art de pérorer, tu dois y croire

Puisque le bonheur est d'abord oratoire.

#Veux-tu que le fun soit ta marque de fabrique ?

Et ce n'est pas qu'une question rhétorique.

Ça va être épique !

Comme mon entrain ne peut se stopper

Je te salue sous forme d'épopée ;

La joie en est le principal personnage

Et ton cœur est où tout le récit nage ;

J'y célèbre ta valeur et ta beauté.

Voulant que le plaisir perdure à tes côtés.

Pour te remplir d'un bonheur légendaire

Donne à ton cœur un peu d'air.

206

Jean JEUDI D.

La légende ne meurt jamais !

Ma liesse, je voudrais te la relater,

Comme le bonheur, dans mon être, a éclaté,

Il était une fois placé dans mon cœur

Un sentiment qui m'éloignait de la rancœur : 207

C'est la Joie, une guerrière imbattable

Qui inonde des plaisirs délectables.

Ça y est, elle vient à toi sans hésitation

Pour t'égayer sous forme de salutation.

Voici une laborieuse métaphore
Pour te réjouir sans effort !

Je veux te dire que je t'apprécie fort

Avec ce bonjour teinté de métaphore.

Le bonheur s'offre même en figure de style.

Alors du malheur, tu dois en faire style.

J'aimerais te faire un bel hommage.

Pour te dérider, j'utilise l'image

D'une joie qui submerge comme un tsunami

Et qui, en t'inondant, devient ta grande amie.

208

#J'ai utilisé cette belle analogie

Pour que ta liesse ait une bonne morphologie.

Jean JEUDI D.

Allez, go : ris !

Il n'y a rien de fantasmagorique

Dans ce bonjour plutôt allégorique.

Les soucis trompent et couvre de cernes

Comme dans le Mythe de la caverne.

Pour que ta liesse monte en flèche

J'ai engagé un professionnel des flèches ;

Il a des dards amusants dans son carquois

Pour que tu atteignes un plaisir adéquat.

De l'archer du bonheur, tu es la cible.

Il te vise pour que ta joie soit visible.

209

Il était une fois …

Quand mon bonheur eut un objet précis

Je te saluai comme dans un court récit.

Le plaisir fut le seul acteur de ce conte.

De ma joie, j'eus voulu t'en rendre compte.

210

Je ne te raconte pas d'histoire :

J'aime juste que mes mots puissent t'émouvoir.

Je t'ai parlé comme dans un mythe

Afin que ma bonne humeur, tu l'imites.

#La joie est collective et ce n'est pas un mythe.

Car le bonheur ne se vit pas mieux en ermite.

Jean JEUDI D.

MYTHOLOGIE

Ce n'est pas du mytho !

Je viens te faire un bonjour fabuleux.

Car ma joie héroïque a des yeux globuleux.

Je veux t'enchanter d'un geste magique :

Comme dans un récit mythologique.

211

Pour connaître Bonheur, ce dieu notoire :

Commence par sourire sans faire d'histoires.

Je t'assure, c'est une divinité

Qui comble d'allégresse et de suavité.

C'est la Journée internationale de l'amitié, les amis !

Comme mon enthousiasme est entier.

Je te salue pour renforcer notre amitié.

Si ta bonne humeur est en rade

212

J'aimerais t'enjailler à vie, camarade !

Je veux t'apporter le bien-être ; alors, opine.

Pour rire, fais de l'allégresse ta copine.

Pour ne pas polissonner comme un galopin

Avec la joie, il faut faire copain-copain.

#Ton cœur s'inondera d'un bonheur-tsunami

Si tu fais de la joie ta petite amie.

Jean JEUDI D.

Pour toi qui veux décrocher la lune !

Je te fais une belle salutation lunaire,

Pour rendre ta journée extraordinaire.

Comme un satellite qui fait de tas de tours,

J'aimerais que le bonheur te tourne autour.

Souris toujours et ta vie s'illuminera,

Car, comme la lune, l'entrain t'éclairera.

Eloigne-toi des chagrins, tu auras raison.

Et maintiens ta joie pleine à chaque lunaison.

213

Pour ceux qui ont une âme de poète !

Ne me vois pas comme n'étant qu'euphorique

Quand je te fais cette adresse lyrique.

Ne me prends pas pour un malin goète

Quand je te salue comme le font les poètes.

214

Ne pense jamais que je ne frime

Quand je ne te parle qu'avec des rimes.

Ne fais pas subir à ma joie un revers

Quand je te dédie tous ces vers.

Je ne puis que rentrer dans la frénésie

Quand je finis d'écrire cette poésie.

C'est la Journée mondiale de la bière, donc à la tienne !

Comme à te divertir tous les jours je m'y colle.

Je te fais ce petit message brassicole.

Les ennuis doivent te mettre en rogne.

De la bonne humeur, deviens-en ivrogne.

Tu sais, mon plaisir ne vient pas que de Bavière

Même s'il saoule plus que sa bière.

Comme ma joie a fini sa fermentation

Je te sers cette enivrante salutation.

215

#Saoule-toi en buvant jusqu'à la lie ces vers,

Parce que le vrai bonheur est au fond du verre.

AOÛT
3

Il est temps de prendre du bon temps sans en perdre une miette !

Comme ma gaieté ne peut être temporaire

Je te salue pour très bien te distraire.

Tu veux la joie, rire te montrera comment.

Tu veux le bonheur, réjouis-toi à tout moment.

Pour toujours, je veux te voir sourire.

Tes peines et tes ennuis, laisse-les mourir.

J'aimerais que ton cœur soit à jamais content.

Si tu désires t'émerveiller, prends ton temps.

216

#Pour t'enjailler, tu as vraiment tout le temps.

Va vite vers le bonheur, ne perds pas de temps.

Jean JEUDI D.

Petit coucou avant de prendre le petit dej' !

Ma bonne humeur n'a rien de banal

Quand je te fais ce bonjour matinal.

Ma joie brille dès les premières lueurs

Pour t'annoncer que tu ne verseras de sueur. 217

Et ma liesse, elle, se réveille dès l'aurore

Pour t'amuser comme quelqu'un qui pérore.

Si, des problèmes, tu veux te détourner,

Cherche le bonheur en début de journée.

Pour passer une très belle journée !

Comme je sais que tu es diurnambule

Je veux faire sortir ta joie de sa bulle.

Je viens te dévoiler la vérité des urnes

En te dédiant ma petite adresse diurne.

218

Si, vers la voie du bonheur, tu veux tourner,

Tu n'as qu'à sourire toute la journée.

Comme il faut s'engouer à la lumière du jour ;

Moi, je commence en te disant : bien le bonjour !

Jean JEUDI D.

Pour les soirées animées !

Je t'adresse une salutation vespérale

Puisque mon entrain est haut comme mon moral.

Rigoler tous les soirs n'a rien de ridicule :

Tu dois t'émoustiller jusqu'au crépuscule.   219

Que ça soit au coucher du soleil, en plein soir,

Ma gaieté, tu pourras toujours l'apercevoir.

Si tu veux chaque jour te marrer

Commence d'abord par le faire en soirée.

Pour les oiseaux de nuit !

Pour préserver ton cœur de tout ennui,

Je te dédie cette salutation de nuit,

J'aimerais t'égayer même dans le noir

Afin que ton âme puisse s'émouvoir.

J'adorerais t'éblouir si ton cœur est sombre

Comme je déteste que tu sois dans l'ombre.

Désormais, le bonheur se vit nuitamment,

Car, c'est là qu'il est visible au firmament.

220

#Comme la joie ne se vit qu'en milieu nocturne

Pour l'atteindre ne sois pas taciturne.

Jean JEUDI D.

C'est la Journée mondiale du chat pile poil !

De nos jours, avoir du cœur est un atout

Pour qu'on te bichonne comme un matou.

Si tu te mets à rire du matin au soir,

Tu verras ton bonheur même dans la nuit noire. 221

Si tu sautes dans la gaieté avec souplesse,

Tu n'heurteras des soucis qui te blessent.

Afin que ta joie ne soit pas orpheline

Je t'adresse cette salutation féline.

Pour rester à la mode !

Pour que, dans la bonne humeur, tu fasses un trek

Je te salue à la génération i grec.

Se réjouir, ce n'est pas de la ringardise ;

Souris toujours quoi qu'on t'en dise.

222

Comme être cool, c'est le bonheur de nos jours

J'offre à ton fun une mise à jour.

Je te souffle ma joie pour rester devant.

Pour que toi aussi tu sois dans le vent.

#Comme rester à jour est une évidence.

Pour vivre le bonheur, tu dois être tendance.

Jean JEUDI D.

Pote, les blèmes, il faut que tu dead ça !

J'adorerais t'dire, en argot : Bonjour !

Mais ché pas si tu pigeras toujours.

J'aimerais t'parler en langage d'ados

Pour t'offrir ma fraîcheur en cadeau.

S'enjailler non-stop, pour oim, n'a rien de chelou.

Mais avoir l'seum dans la life, c'est relou.

Si les blèmes te mettent au BDR,

J'voudrais que ma joie cool te rende MDR.

223

Pour les meufs stylées !

J'aimerais que ma joie égaie tous tes sens

Comme elle garde encore son innocence.

Pour te dire bonjour comme une lolita

J'ai choisi « Hola ! » comme une Señorita.

L'allégresse, il faut que tu la ressentes.

Réjouis-toi comme une vraie adolescente.

C'est du sourire que le bonheur dénote ;

Alors souris tant que ton âme est jeunotte.

224

#Même si l'adolescence est dite âge ingrat

Mon envie de t'émerveiller est restée gras.

Jean JEUDI D.

Pour les gars cools !

Pour faire de mon bonheur un cadeau

Je te salue à la cool comme un ado.

Le fun, accroche-toi à son arçon ;

Réjouis ton cœur comme un grand garçon. 225

Si, en toi, le plaisir est encore pubère.

Je veux que mes mots joviaux le libèrent.

Avec la tendresse que je ne nomme

Je vais t'enjailler comme un jeune homme.

#Pour vivre l'insouciance de l'adolescence.

Du bonheur, il faut que tu en aies connaissance.

Pour marcher sur l'eau !

Comme saluer est un droit légitime

Je le fais dans cette ballade maritime.

Comme je veux que ta maussaderie chavire

Mon enthousiasme se mue en un beau navire.

226

Le bonheur y est, à tribord et à bâbord.

Pour grimper à bord, souris d'abord.

Ma bonne humeur ne cessera d'insister :

C'est dans ton cœur qu'il désire accoster.

#Si tu veux traverser la mer de tristesse,

Monte abord de mon bateau de fun en vitesse.

Jean JEUDI D.

Je suis en train de te dire avec entrain de grimper dans le train du bonheur !

Comme j'adore te saluer avec entrain

Je veux que tu ailles jusqu'au plaisir en train.

J'aimerais te combler de joie avec justesse

Plus vite qu'un train à grande vitesse.

Laisse le bonheur te remettre dans les rails

En pénétrant aussi dans tes entrailles.

Laisse-le créer, en toi, un chemin de fer

Pour enjouer ton cœur s'il a trop souffert.

227

#Laisse la joie créer, en toi, une voie ferrée.

Pour te combler de tes sentiments préférés.

Pour prendre son envol !

Aujourd'hui, la liesse est en milieu aérien.

Contre ta gaieté, il n'y aura rien.

Ma bonne humeur est déjà sur la piste.

Viens prendre l'avion, tu es sur la liste.

Si tu veux sourire : viens, on va décoller.

Pour profiter de la joie, tu dois t'envoler.

Comme le bonheur est dans les airs

Il fera à tous tes ennuis des misères.

228

#Sur terre, il n'y a rien qui va te satisfaire,

Car le bonheur est dans la stratosphère.

Jean JEUDI D.

Pour que vers la joie, tu puisses fuser !

J'aimerais te saluer d'un vaisseau spatial.

Pour renouveler ta gaieté initiale.

Je veux que ton cœur puisse s'amuser.

Vers la joie, envole-toi comme une fusée.   229

L'allégresse doit voguer dans ton espace

Pour te sortir de l'ire et de l'impasse.

Toutes tes peines, tu dois les expulser.

Pour qu'au bonheur, ton cœur soit propulsé.

Pour toi qui as la tête dans les étoiles !

Aujourd'hui, j'ai bien contemplé le ciel.

Je vois que l'entrain n'y est pas superficiel.

Je sens que, des joies, ton âme en sera la firme,

Et tous les astres alignés me le confirment.

230

Je fais du bonheur un plat gastronomique

Bien que son prix soit astronomique.

Je te salue avec des plaisirs divers

Pour que tu vogues gaiement dans l'univers.

Salut, univers !

Comme ma liesse est très dynamique

Je te lance cette salutation cosmique.

J'aimerais que tu atteignes l'ataraxie

Avec ma joie plus vaste qu'une galaxie.   231

Comme l'envie d'être heureux est universelle

J'ai envie que tu t'égaies et que tu excelles.

Je veux que les peines, tu les surpasses,

Pour que le bonheur recouvre tout ton espace.

Journée mondiale de la photographie, Say : « Cheese » !

En ce jour où mon allégresse excelle,

Je te dis bonjour en milliards de pixels.

Je vais prendre ton plaisir en photo.

232

Ris comme si tu avais gagné au loto.

Si tu prends un selfie avec une joie tonique

Elle te rendra super photogénique.

Tu dois valoriser ton côté créatif.

Car le bonheur y est : fais-en ton objectif.

#Pour t'amuser, je me ferai photographe.

C'est pourquoi je t'ai dédié ce paragraphe.

Pour ceux qui viennent d'une autre galaxie !

Aujourd'hui, j'ai changé de tactique.

Je veux te combler d'une gaieté galactique.

Maintenant que mon enthousiasme est acté.

Reçois mon entrain venu de la voie lactée.

La bonne humeur est comme une galaxie.

Si tu veux y voguer, je serais ton taxi.

Je te fais cette salutation étoilée

Pour que le plaisir, en toi, soit installé.

233

#Aujourd'hui, à toi, mon bonheur se dévoile

Et se déploie en des milliards d'étoiles.

Tous les astres sont alignés, pour ton bonheur !

Tu sais, même dans l'espace interstellaire,

Je te dirais toujours bonjour pour te plaire.

Je veux que tu brilles comme l'astre radieux,

Car j'aime qu'à tes peines tu dises adieu.

Mon plaisir est massif comme une planète

Et t'offrira une tendresse hyper nette.

Et ma joie te tourne autour comme un satellite

Afin que ton bonheur soit hétéroclite.

234

Jean JEUDI D.

Cette salutation, c'est pour les Stars !

Comme mon allégresse se veut lumineuse.

J'aimerais que ta joie soit faramineuse.

Comme je veux que tu ravales ta colère

Je t'adresse cette salutation stellaire.

Seul le sourire te rendra star.

J'ai envie que tu te marres même tard.

Bien qu'il vienne comme une étoile filante

Le bonheur s'apprécie de façon lente.

235

AOÛT 23 — SUPER-HÉROS

Celle-ci, c'est une Super-salutation !

Comme je ne suis pas maso ni stoïque,

Je te fais cette salutation héroïque.

Pour t'égayer, je partirai de zéro.

Je vais te réjouir comme les super-héros,

Je volerai jusqu'à toi pour t'émouvoir

Et t'émerveiller serait mon superpouvoir.

Comme moi, avec le bonheur, fais la paire

Et ton existence n'en sera que super.

236

#Je ferai même partie des Justiciers

Pour que ta joie de vivre ne soit émaciée.

La Pangée, elle est là !

Aujourd'hui, c'est bonjour intercontinental

Pour t'offrir un plaisir global et total.

Pour t'ébaudir, je ne ferai pas de quartier

Comme ma joie vient d'Afrique et du monde entier.

Ma liesse est culturelle comme en Asie

Et mon entrain t'emmènera l'eucrasie.

Pour te faire rêver, j'userai des tropes

Qui te feront parcourir toute l'Europe.

Tel le Nouveau Monde et toute île océanique

Je veux que ton bonheur soit supersonique.

237

Journée mondiale de la fin du spécisme

Comme ma salutation est multicolore

Je veux que ton cœur brille comme de l'or.

Comme le bonheur est plus qu'une aubaine

Accueille ma bonne humeur d'ébène.

Ma rouge gaieté se jette en mer Jaune.

Avec mon fun oriental, tu ne riras jaune.

Comme la neige, mon entrain est très blanc

J'espère qu'en toi il ne fera pas chou blanc.

238

A la Journée mondiale du chien,
C'est tout le monde qui a du chien !?

Aujourd'hui, ma salutation est canine,

Car ma douceur est de nature féminine.

Comme le sourire, en moi, ne fait qu'aboyer

Je veux qu'avec lui, tu puisses festoyer.

Ma joie digitigrade comme un canidé

Veut que, ton plaisir, soit plus qu'une vague idée.

Pour cribler tes peines, utilise un tamis.

Du bonheur, fais-en ton meilleur ami.

239

Il y a comme de l'électricité dans l'air !

Bien qu'au compteur je n'ai pas de fric,

Je te salue avec un entrain électrique.

Comme au chagrin, je suis allergique

Je t'adresse mon allégresse énergique.

Je pense qu'il faut te mettre au courant

Que la joie s'allonge en se savourant,

Contre le bonheur, il n'y a pas à lutter ;

Branche-toi, laisse-le t'électrocuter.

240

Jean JEUDI D.

Pour passer à l'électronique !

Je te fais une salutation électronique.

Quand ma joie devient supersonique.

Comme les électrons opposés s'attirent :

Ton ire attire ma joie pour te divertir.

Branche-toi à mon entrain stabilisateur ;

Je t'assure, mon cœur est un bon conducteur.

Si tu veux la gaieté en un plus grand degré,

Je ferais ton bonheur en circuit intégré.

241

Pour la planète !

Aujourd'hui, salutation énergétique,

Reçois ma bonne humeur magnétique.

Avec le fun, on peut charger des missiles,

Alors oublie tous ces plaisirs fossiles.

242

Fais le lézard pour te réjouir, pour te plaire

Puisque le bonheur marche à l'énergie solaire.

Comme une éolienne, il te faut juste un peu d'air

Pour qu'aux joies aux gaz bios, tu adhères.

Jean JEUDI D.

Pour les branchés !

Je te fais cette salutation numérique

Et ceci n'est pas que métaphorique.

A l'heure où tout est informatisé,

Avec la bonne humeur, tu dois pactiser.

Dans ton cœur, il faut une bonne connexion

Pour vite y télécharger la satisfaction.

Ma joie est au summum de la technologie.

C'est pourquoi, en bas, j'ai mis ce bel emoji.

243

Si tu préfères les sauces aux tomates !

Aujourd'hui, je veux t'éviter la panique,

Avec mon enthousiasme plus que mécanique.

Pas besoin d'être forcément une machine

Pour que, face à toi, le spleen courbe l'échine.

Pas besoin de trop de gestes acrobatiques

Pour t'offrir un entrain robotique.

Je te salue gaiement comme un automate

Pour que ta joie soit mûre comme nos tomates.

244

#Pas besoin d'intelligence artificielle

Pour que tu vives un bonheur essentiel.

UN JOUR,
UNE SALUTATION
366 Poèmes au goût du jour
Pour dire bonjour
Tous les jours
Jean JEUDI D.